초등학교 교과서 중심 바른 글씨 쓰기 연습

3학년 국어

예쁘게

따라쓰기

이 쓰기 책은 기존의 쓰기 책이 단순히 쓰는 문제나 모양(꼴)에 의존한 쓰기 공부인데 비해

교과서의 읽기, 말하기 듣기, 쓰기를 심층 분석하여 각 내용에 맞게 재구성하였습니다.

바르게 쓰는 것은 예쁘게 쓰는 것이며, 예쁘게 쓰는 것은 아름다운 심성을 기르는 것과도 같습니다.

우리 말 한글을 예쁘게 쓰고 바르게 사용하시기 바랍니다.

도·란·도·란·정·겨·운·이·야·기
談터 담터미디어

차 례

1. 높임말 --- 3

2. 글자는 같지만 뜻이 다른 말 ---------------- 11

3. 문장 부호 ----------------------------------- 19

4. 동 시 --- 25

5. 사람처럼 표현하기 --------------------------- 29

6. 닮은 점을 떠올려 견주는 표현 ------------- 33

7. 원인과 결과 --------------------------------- 36

8. 어울려 쓰는 말 ----------------------------- 42

9. 글씨 바르게 쓰기 --------------------------- 48

10. 글씨 쓰는 법 ------------------------------- 53

11. 공통점과 차이점 --------------------------- 56

12. 동 화 --------------------------------------- 58

13. 우 화 --------------------------------------- 59

14. 문 단 --------------------------------------- 60

15. 글 고쳐 쓰기 ------------------------------- 61

16. 글씨 모양대로 쓰기 ------------------------ 63

1 학습내용

☞ 밥 → 진지   ☞ 집 → 댁
☞ 데리고 → 모시고
※ 높임말이란 자신보다 나이가
많거나 존경하는 사람에게
예의를 갖추어 쓰는 말입니다.

밥 먹어요.

진지 드세요.

다음 글씨를 예쁘게 따라 쓰세요.

아	버	지	,	진	지		드	세	요	.
아	버	지	,	진	지		드	세	요	.
삼	촌		댁	에		갔	습	니	다	.
삼	촌		댁	에		갔	습	니	다	.
할	머	니		모	시	고		와	라	.
할	머	니		모	시	고		와	라	.

② 학습내용

☞ 말 → 말씀

☞ 아파서 → 편찮으셔서

> 웃어른께 높임말을 쓰면
> 예의 바른 어린이가 됩니다.

✎ 다음 글씨를 예쁘게 따라 쓰세요.

선생님 말씀에 귀를
기울입시다.

할머니께서 편찮으셔서
병원에 가셨습니다.

③ 학습내용

☞ 나이 → 연세

☞ 내가 → 제가

높임말은 '존댓말'이라 부르기도 합니다.

✎ 다음 글씨를 예쁘게 따라 쓰세요.

올해 할아버지 연세가
82세입니다.

| 올 | 해 | | 할 | 아 | 버 | 지 | | 연 | 세 | 가 |
| 82 | 세 | 입 | 니 | 다 | . | | | | | |

제가 그 일을 하겠습
니다.

| 제 | 가 | | 그 | | 일 | 을 | | 하 | 겠 | 습 |
| 니 | 다 | . | | | | | | | | |

5

☞ 오래요→오시래요

☞ 물어 →여쭈어

✎ 다음 글씨를 예쁘게 따라 쓰세요.

| 삼 | 촌 | , | 아 | 버 | 지 | 께 | 서 | | 오 | 시 |
| 래 | 요 | . | | | | | | | | |

| 한 | | 가 | 지 | 만 | | 여 | 쭈 | 어 | | 보 |
| 겠 | 습 | 니 | 다 | . | | | | | | |

☞ 찾는다 → 찾으신다

☞ 간다 → 가신다

✎ 다음 글씨를 예쁘게 따라 쓰세요.

아버지께서 신문을 찾으신다.

아버지께서 신문을 찾으신다.

어머니께서 작은아버지 댁에 가신다.

어머니께서 작은아버지 댁에 가신다.

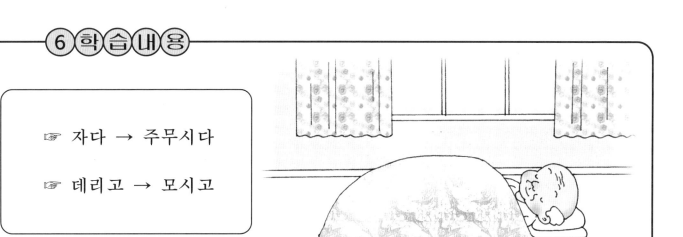

☞ 자다 → 주무시다

☞ 데리고 → 모시고

✍ 다음 글씨를 예쁘게 따라 쓰세요.

할아버지께서 큰방에서 주무신다.

할아버지께서 큰방에서 주무신다.

할머니를 모시고 오너라.

할머니를 모시고 오너라.

8

☞ 먹는다 → 잡수신다
　　　　　　드신다

✎ 다음 글씨를 예쁘게 따라 쓰세요.

외	할	머	니	께	서		진	지	를
잡	수	신	다	.					
외	할	머	니	께	서		진	지	를
잡	수	신	다	.					
외	할	머	니	께	서		사	과	를
드	신	다	.						
외	할	머	니	께	서		사	과	를
드	신	다	.						

8 학습내용

☞ 주다 → 드리다

☞ 오다 → 오시다

✎ 다음 글씨를 예쁘게 따라 쓰세요.

어머님께 이 선물을
드려라.

큰아버지께서 어제 오
셨습니다.

2. 글자는 같지만 뜻이 다른 말

①학습내용

☞ 밤 → 캄캄한 밤(짧은소리)
☞ 밤: → 먹는 밤(긴소리)

※ 말의 길이에 따라서 뜻이 달라집니다.

겨울밤에 먹는 군밤은 특히 맛있어요.

✍ 다음 글씨를 예쁘게 따라 쓰세요.

밤하늘에 별이 반짝반짝 빛나요.

밤하늘에 별이 반짝반
짝 빛나요.

동생과 밤을 구워 먹었어요.

동생과 밤을 구워 먹
었어요.

② 학습내용

☞ 굴 → 굴(짧은소리)

☞ 굴: → 산 속의 굴(긴소리)

✎ 다음 글씨를 예쁘게 따라 쓰세요.

바	닷	가	에		가	서		굴	을
사		먹	었	습	니	다	.		
바	닷	가	에		가	서		굴	을
사		먹	었	습	니	다	.		

산		속	에		있	는		굴	에	는
많	은		생	물	들	이		삽	니	다	.
산		속	에		있	는		굴	에	는
많	은		생	물	들	이		삽	니	다	.

☞ 발 → 사람의 몸의 일부분
　　(짧은소리)

☞ 발: → 문을 가리는 물건
　　(긴소리)

✎ 다음 글씨를 예쁘게 따라 쓰세요.

네 발이 내 발보다
크구나.

남이 볼 수 있으니
발을 내려라.

☞ 배 → 타는 배
   (높고 짧은소리)

☞ 배 → 먹는 배
   (높고 짧은소리)

다음 글씨를 예쁘게 따라 쓰세요.

배를	타고	강을	건넜
습니다.			
가을에	먹는	배가	제
일	맛있습니다.		

14

⑤ 학습내용

☞ 병 → 그릇(짧은소리)

☞ 병: → 몸의 탈(긴소리)

✎ 다음 글씨를 예쁘게 따라 쓰세요.

깨	끗	한		병	에		주	스	를
담	아		보	자	.				
깨	끗	한		병	에		주	스	를
담	아		보	자	.				
몸	에		병	이		나	면		치 료
를		빨	리		해	야		합	니 다 .
몸	에		병	이		나	면		치 료
를		빨	리		해	야		합	니 다 .

6 학습내용

☞ 창 → 옛날 무기의 한 가지

☞ 창 → 창문의 준말

✎ 다음 글씨를 예쁘게 따라 쓰세요.

옛날 병사들은 창을
들고 적과 싸웠습니다.

옛날 병사들은 창을
들고 적과 싸웠습니다.

봄에는 창문을 열고
청소를 할 것입니다.

봄에는 창문을 열고
청소를 할 것입니다.

☞ 부자 → 아버지와 아들

☞ 부자 → 살림이 넉넉하고
　　　　　재산이 많은 사람

아버지, 우린 언제쯤 부자가 될까요?

아들아, 우린 이미 부자지간이란다.

✎ 다음 글씨를 예쁘게 따라 쓰세요.

| 이 | 웃 | 집 | | 부 | 자 | 는 | | 밭 | 에 |
| 나 | 가 | | 열 | 심 | 히 | | 일 | 했 | 어 | 요 | . |

| 열 | 심 | 히 | | 일 | 해 | 서 | | 부 | 자 | 가 |
| 되 | 었 | 어 | 요 | . | | | | | | |

☞ 말 → 타는 말(짧은소리)

☞ 말: → 사람이 하는 말
　　　 (긴소리)

이 놈의 말이
말을 안들어.

다음 글씨를 예쁘게 따라 쓰세요.

지금의　자동차를　옛날
에는　말이　대신했어요.

지금의　자동차를　옛날
에는　말이　대신했어요.

네　말소리는　이곳까지
들렸어.

네　말소리는　이곳까지
들렸어.

3. 문장 부호

1 학습내용

☞ 문장 부호는 자신의 생각을 분명하게 전하는 데 필요합니다.

☞ 온점 → ▫•

설명하거나 시키는 문장의 끝에 씁니다.

습니다.

하여라.

✎ 다음 글씨를 예쁘게 따라 쓰세요.

나는 3학년이 되었습
니다.

나는 3학년이 되었습
니다.

방 안 청소를 깨끗이
하여라.

방 안 청소를 깨끗이
하여라.

 **학습내용**

☞ 물음표 → ?

하세요?

하느냐?

~뭘까?

묻는 문장의 끝에 씁니다.

✍ 다음 글씨를 예쁘게 따라 쓰세요.

안 녕 하 세 요 ?

괜 찮 으 세 요 ?

어 제   무 슨   일   했 니 ?

☞ 느낌표 → **!**

기쁘거나 슬프거나 놀랐을 때, 그 느낌을 나타내는 문장의 끝에 씁니다.

✎ 다음 글씨를 예쁘게 따라 쓰세요.

정말 아름답구나 !

정말 아름답구나 !

굉장히 크구나 !

굉장히 크구나 !

야 ! 대단하다 !

야 ! 대단하다 !

☞ 반점 → ,

여러 가지 말을 늘어놓을 때나, 부르는 말의 뒤에 씁니다.

다음 글씨를 예쁘게 따라 쓰세요.

보람아, 안녕 ?

보람아, 안녕 ?

감, 사과, 밤, 굴 등

감, 사과, 밤, 굴 등

소라야, 잘 지냈니 ?

소라야, 잘 지냈니 ?

☞ 큰따옴표 → " "

어떤 사람이 한 말을 그대로 적을 때 씁니다.

✍ 다음 글씨를 예쁘게 따라 쓰세요.

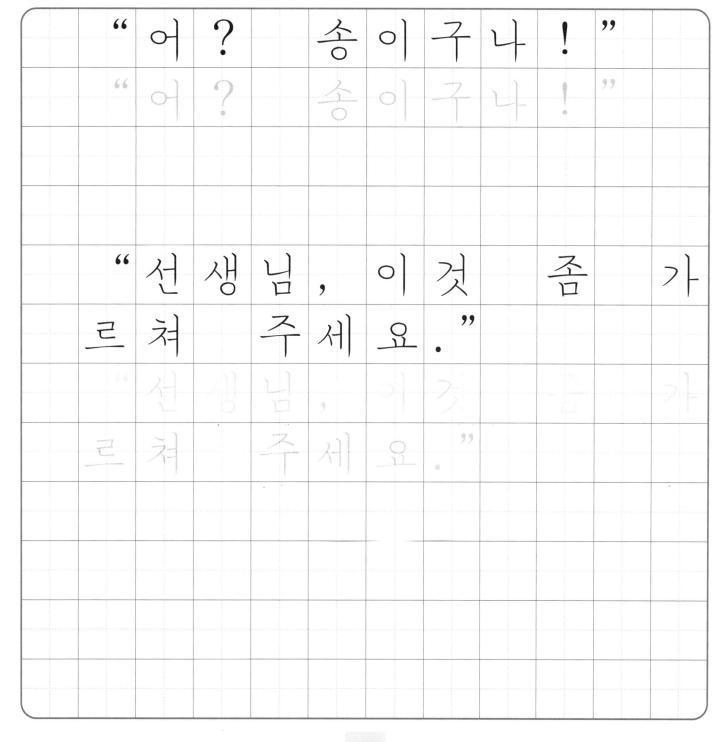

"어? 송이구나!"

"선생님, 이것 좀 가르쳐 주세요."

마음속으로 한 말을 드러내어 적을 때 씁니다.

☞ 작은따옴표 → 「 ' 」 「 ' 」

✎ 다음 글씨를 예쁘게 따라 쓰세요.

'누구와 놀까?'

'누구와 놀까?'

'고마우신 부모님.'

'고마우신 부모님.'

'자고 있겠지.'

'자고 있겠지.'

4. 동시

1 학습내용

☞ 우리가 생활하면서 받은 감동을 리듬 있는 말로 표현한 짧은 글입니다.

☞ 산촌 (김기림)

모 - 든 것이 마을을
사랑한담네.
차마 영을 넘지 못하고
산허리에서 망설이는
흰 아침 연기.

✎ 다음 글씨를 예쁘게 따라 쓰세요.

모	-	든		것	이		마	을	을
사	랑	한	담	네	.				
차	마		영	을		넘	지		못	하
고									
	산	허	리	에	서		망	설	이	는
	흰		아	침		연	기	.	

☞ 엄마야 누나야 (김소월)

엄마야 누나야, 강변 살자
뜰에는 반짝이는 금모래빛
뒷문 밖에는 갈잎의 노래
엄마야 누나야 강변 살자

다음 글씨를 예쁘게 따라 쓰세요.

엄	마	야		누	나	야	,		강	변
살	자									
	뜰	에	는		반	짝	이	는		금	모
래		빛								
	뒷	문		밖	에	는		갈	잎	의
노	래									
	엄	마	야		누	나	야	,		강	변
살	자									

③ 학습내용

☞ 부헝새(김기림) ※부헝새: 부엉이의 옛말

간밤에

뒤창 밖에

부헝새가 와서 울더니

하루를 바다 위에 구름이 캄캄

오늘도 해 못 보고 날이 저무네

✎ 다음 글씨를 예쁘게 따라 쓰세요.

간	밤	에					
뒤	창		밖	에			
부	헝	새	가		와	서	울	더	니
하	루	를		바	다		위	에	구
름	이		캄	캄			
오	늘	도		해		못		보	고
날	이		저	무	네		

☞ 개아미(김소월)   ※ 개아미:(명)개미

진달래 꽃이 피고

바람은 버들가지에서 울 때,

개아미는

허리가 가늣한 개아미는

봄날의 한나절,

고달피 부지런히 집을 지어라.

다음 글씨를 예쁘게 따라 쓰세요.

진	달	래		꽃	이	피	고
바	람	은		버	들	가	지	에	서
울		때	,			
	개	아	미	는		
	허	리	가		가	늣	한		개	아	미
는						
	봄	날	의		한	나	절	,
	고	달	피		부	지	런	히		집	을
지	어	라	.			

1 학습내용

☞사물이나 식물

※그 행동이나 모양, 성격 등이
사람과 닮은 점을 찾아 보고
사람처럼 표현한다.

✍ 다음 글씨를 예쁘게 따라 쓰세요.

연필과 볼펜이 키 재
기를 한다.

연필과 볼펜이 키 재
기를 한다.

환하게 웃는 해바라기

환하게 웃는 해바라기

☞ 사물이나 식물

✎ 다음 글씨를 예쁘게 따라 쓰세요.

소리	지르는	라디오

춤추는 코스모스

장난꾸러기 오뚝이

☞ 동물

✎ 다음 글씨를 예쁘게 따라 쓰세요.

슬 피　우 는　부 엉 이

키 가　큰　기 린　아 저 씨

곰 이　웃 는 다.

☞ 동물

✎ 다음 글씨를 예쁘게 따라 쓰세요.

말이 없는 강아지

말이 없는 강아지

참새가 노래한다.

참새가 노래한다.

속삭이는 새들

속삭이는 새들

1 학습내용

☞ '~처럼'으로 표현

✎ 다음 글씨를 예쁘게 따라 쓰세요.

해	바	라	기	처	럼		활	짝		웃
는		얼	굴							

사	과	처	럼		붉	은		뺨

펭	귄	처	럼		걷	는		아	기

☞ '~같이'로 표현

✍ 다음 글씨를 예쁘게 따라 쓰세요.

쟁	반	같	이		둥	근		달
쟁	반	같	이		둥	근		달
곰	같	이		느	린		황	소
곰	같	이		느	린		황	소
물	같	이		맑	은		하	늘
물	같	이		맑	은		하	늘

34

☞ 직접 견주어 표현

✍ 다음 글씨를 예쁘게 따라 쓰세요.

하	늘	은		푸	른		호	수	
구	름	은		하	얀		솜	사	탕
해	는		작	은		해	바	라	기

1 학습내용

☞ 그래서

원인:어떤 일이 일어나게 된 까닭

결과:어떤 일로 인해서 일어나게
　　된 일

✎ 다음 글씨를 예쁘게 따라 쓰세요.

| 바 | 람 | 이 | | 붑 | 니 | 다 | . | | 그 | 래 | 서 |
| 나 | 뭇 | 잎 | 이 | | 흔 | 들 | 립 | 니 | 다 | . | |

| | 비 | 를 | | 맞 | 았 | 습 | 니 | 다 | . | | 그 | 래 |
| 서 | | 감 | 기 | 에 | | 걸 | 렸 | 습 | 니 | 다 | . | |

36

☞ 그러므로

✎ 다음 글씨를 예쁘게 따라 쓰세요.

죄	를		지	었	다	.	그	러	므	로
벌	을		받	아	야		한	다	.	
죄	를		지	었	다	.	그	러	므	로
벌	을		받	아	야		한	다	.	
음	식	을		많	이		먹	었	다	.
그	러	므	로		배	탈	이		났	다	.
음	식	을		많	이		먹	었	다	.
그	러	므	로		배	탈	이		났	다	.

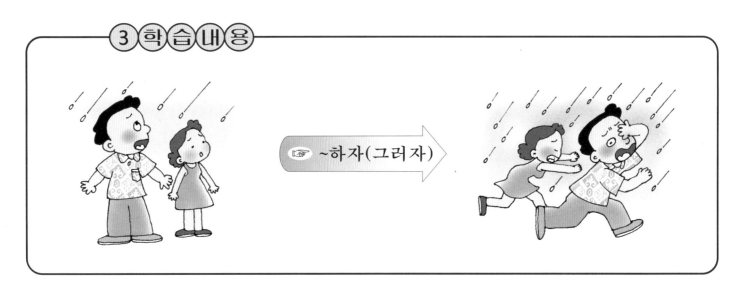

☞ ~하자(그러자)

다음 글씨를 예쁘게 따라 쓰세요.

	갑	자	기		소	나	기	가		내	렸
다	.		그	러	자		사	람	들	이		비
를		피	하	려	고		뛰	었	다	.

	갑	자	기		태	풍	이		불	자
사	람	들	이		집	으	로		뛰	어
들	어	갔	다	.

때문에

✎ 다음 글씨를 예쁘게 따라 쓰세요.

날	씨	가		추	워	졌	기		때	문
에		단	풍	이		들	었	다	.	
날	씨	가		추	워	졌	기		때	문
에		단	풍	이		들	었	다	.	

	비	가		많	이		왔	기		때	문
에		홍	수	가		났	다	.	
	비	가		많	이		왔	기		때	문
에		홍	수	가		났	다	.	

왜냐하면 ~때문이다.

✏️ 다음 글씨를 예쁘게 따라 쓰세요.

감	기	가		들	었	다	.	왜	냐	하
면		어	제	비	를		맞	았	기	
때	문	이	다	.						

	과	일	이		떨	어	졌	다	.	왜	냐
하	면		바	람	이		세	게		불	었
기		때	문	이	다	.				

☞ 따라서

✎ 다음 글씨를 예쁘게 따라 쓰세요.

죄를　지었다.　따라서
벌을　받을　것이다.

죄를　지었다.　따라서
벌을　받을　것이다.

천둥,　번개가　쳤다.　따
라서　비가　올　것이다.

천둥,　번개가　쳤다.　따
라서　비가　올　것이다.

1 학습내용

☞ 과연 ~구나(답다).

☞ 그다지 ~하지 않다.

✎ 다음 글씨를 예쁘게 따라 쓰세요.

소문에 든던 대로 과
연 예쁘구나.

소문에 든던 대로 과
연 예쁘구나.

오늘 날씨가 그다지
춥지 않았다.

오늘 날씨가 그다지
춥지 않았다.

42

☞ 도대체 ~이냐?

☞ 드디어 ~하다.

✐ 다음 글씨를 예쁘게 따라 쓰세요.

| 도 | 대 | 체 | | 왜 | | 우 | 느 | 냐 | ? |

도대체 왜 우느냐?

| 이 | 틀 | | 후 | 면 | | 드 | 디 | 어 | | 기 |
| 다 | 리 | 던 | | 방 | 학 | 이 | 다 | . | | |

이틀 후면 드디어 기
다리던 방학이다.

43

☞ 마치 ~같다.

☞ 만약 ~라면(~한다면)

✎ 다음 글씨를 예쁘게 따라 쓰세요.

하	는		짓	이		마	치		어	린
아	이		같	다	.					

만	약		내	일		비	가		온	다
면		시	합	을		연	기	하	겠	다 .

☞ 비록 ~할지라도

☞ 아마 ~ㄹ 것이다.

✎ 다음 글씨를 예쁘게 따라 쓰세요.

비록 돈은 없을지라도
마음은 부자이다.

비록 돈은 없을지라도
마음은 부자이다.

잘은 모르지만 아마
그럴 것이다.

잘은 모르지만 아마
그럴 것이다.

☞ 여간 ~않다.

☞ 일체 ~않다(못 하다).

✍ 다음 글씨를 예쁘게 따라 쓰세요.

너를 만나게 되어서
여간 기쁘지 않다.

너를 만나게 되어서
여간 기쁘지 않다.

그 사람은 과일을 일
체 먹지 않는다.

그 사람은 과일을 일
체 먹지 않는다.

☞ 차라리 ~ㄹ지언정

☞ 차마 ~않다(없다).

✎ 다음 글씨를 예쁘게 따라 쓰세요.

차	라	리		죽	을	지	언	정		노
예	가		되	지		않	겠	다	.	
차	라	리		죽	을	지	언	정		노
예	가		되	지		않	겠	다	.	
	너	의		부	탁	은		차	마	거
절	할		수	가		없	다	.		
	너	의		부	탁	은		차	마	거
절	할		수	가		없	다	.		

1 학습내용

☞ 'ㄱ'에 주의하여 글 쓰기

※ 'ㄱ'은 위치에 따라 쓰는 모양이 다릅니다.

✐ 다음 글씨를 예쁘게 따라 쓰세요.

국	어		숙	제	를		어	떻	게
할		것	인	가		곰	곰	이		궁	리
를		했	다	.	숙	제	는		세	계	적
인		학	자	가		되	는		길	이
국	가	에		어	떤		도	움	이		되
는	가	였	다	.

☞ '뜨'에 주의하여 글 쓰기

※ '뜨'은 위치에 따라 쓰는 모양이 다릅니다.

다음 글씨를 예쁘게 따라 쓰세요.

지	난		여	름	,	할	머	니		곁
에	서			떡	을		먹	으	며	옛 날
이	야	기	를			들	었	습	니	다 . 귀
뚜	라	미	가			귀	뚤	귀	뚤	노 래
를			부	르	자		나	는		어 느 새
머	리	를			떨	굽	니	다	.	

3 학습내용

☞ ◇ 모양 글씨

✎ 다음 글씨를 예쁘게 따라 쓰세요.

내가 즐겁게 공부하는

것은 내 꿈을 이루기

위해서입니다.

　나는 커서 훌륭한 선

생님이 되고 싶기 때문

입니다.

☞ 홀소리 '세, ㅐ' 쓰기

※ 홀소리 'ㅐ'가 받침이 없이 쓸 때는 세로로 길게 씁니다.

다음 글씨를 예쁘게 따라 쓰세요.

얼	마		전	에		배	를		타	고
제	주	도	에		갔	다	.	배		안	에
서	는		맛	있	는		배	를		팔	고
있	었	는	데		가	격	을		물	어
보	니		서	울	에	서		파	는		가
격	보	다		배	가		비	쌌	다	.

☞ '리, 녀, ㄴㅎ, ㄹㅁ' 쓰기

※ '리, 녀, ㄴㅎ, ㄹㅁ' 겹받침이
있는 글자는 □ 모양이
되도록 씁니다.

읽 앉
읽 삶

✎ 다음 글씨를 예쁘게 따라 쓰세요.

나	는		일	주	일	에		한		권
정	도	의		위	인	전	을		읽	는	다.
	책	을		읽	지		않	으	면		무
엇	인	가		잃	어	버	린		느	낌	이
다	.	나	는		책	에	서		위	인	들
의		삶	을		배	운	다	.			

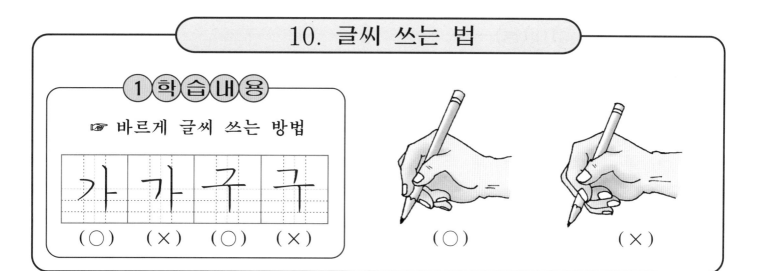

1 학습내용

☞ 바르게 글씨 쓰는 방법

가	가	구	구
(○)	(×)	(○)	(×)

(○)   (×)

✍ 다음 글씨를 예쁘게 따라 쓰세요.

글씨를 따라 천천히
다시 써 봅니다.

글씨를 따라 천천히
다시 써 봅니다.

연필을 바르게 쥐고
써 봅니다.

연필을 바르게 쥐고
써 봅니다.

53

☞ 바르게 글씨 쓰는 방법

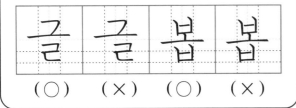

글	글	봅	봅
(○)	(×)	(○)	(×)

(○)　　　　　　(×)

다음 글씨를 예쁘게 따라 쓰세요.

자세를 바르게 하여
써 봅니다.

자세를 바르게 하여
써 봅니다.

한 글자씩 또박또박
써 봅니다.

한 글자씩 또박또박
써 봅니다.

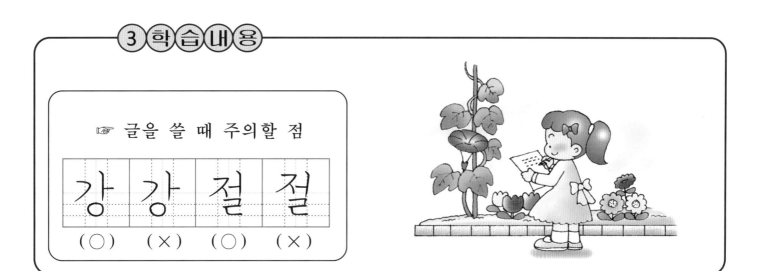

3 학습내용

☞ 글을 쓸 때 주의할 점

강	강	절	절
(○)	(×)	(○)	(×)

✎ 다음 글씨를 예쁘게 따라 쓰세요.

기준을 정한다.

사실을 정확하게 쓴다.

알기 쉽게 쓴다.

기준에 따라 쓴다.

1 학습 내용

☞ 피아노와 실로폰

※ 두 가지의 사물을 서로
   비교하고 같은 점과
   다른 점을 글로 써 보자.

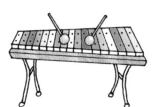

✎ 다음 글씨를 예쁘게 따라 쓰세요.

피	아	노	와		실	로	폰 은	악
기	이	지	만	,	피	아	노 는	손 가
락	으	로		연	주	하	고	실 로 폰
은		채	로		연	주	한 다 .	피 아
노	는		건	반		악	기 이 고 ,	실
로	폰	은		타	악	기	이 다 .	

☞ 벌과 나비

✍ 다음 글씨를 예쁘게 따라 쓰세요.

벌과 나비는 꿀을 좋

아하고, 날아다니며, 곤충

이다. 하지만 벌은 나비

보다 작고, 나비는 벌보

다 크다.

1 학습내용

☞ 동화의 뜻

☞ ◇ 모양 글 쓰기

✎ 다음 글씨를 예쁘게 따라 쓰세요.

동화는 어린이들을 위
하여 흥미롭게 꾸민 이
야기이며, 어린이들의 마
음을 바탕으로 쓰여진
글로 즐거움을 주는 글
입니다.

1 학습내용

☞ 우화의 뜻

☞ □ 모양 글 쓰기

✎ 다음 글씨를 예쁘게 따라 쓰세요.

주	인	공	이		사	람	이		아	닌
동	물	이	나		식	물	인		경	우	가
많	습	니	다	.		'	개	미	와		베	짱
이	'	,		'	토	끼	와	거	북	'		등	과
같	이		동	물	을		의	인	화		시
켜		만	든		이	야	기	.

1 학습내용

☞ 문단의 뜻

☞ ◁ 모양 글 쓰기

문단

중심생각

✎ 다음 글씨를 예쁘게 따라 쓰세요.

문	단	은		여	러		개	의		문
장	이		모	여	서		중	심		생	각
을		나	타	내	는		글	의		한
부	분	이	며	,	문	단	을		나	누	는
것	은		하	나	의		생	각	을		명
확	히		전	달	하	고	자		함	이	다	.

15. 글 고쳐 쓰기

 1 학습내용

☞ 고쳐 쓰는 방법

☞ ◇ 모양 글 쓰기

글의 내용

글의 짜임

틀린 글자

다음 글씨를 예쁘게 따라 쓰세요.

| | 글 | 의 | | 내 | 용 | 을 | | 살 | 펴 | 봅 | 니 |
| 다 | . | | | | | | | | | | |

| | 글 | 의 | | 짜 | 임 | 에 | | 맞 | 게 | | 썼 |
| 는 | 지 | | 살 | 펴 | 봅 | 니 | 다 | . | | | |

| | 틀 | 린 | | 글 | 자 | 는 | | 없 | 는 | 지 | |
| 살 | 펴 | 봅 | 니 | 다 | . | | | | | | |

☞ 고쳐 쓰는 방법

☞ ◇ 모양 글 쓰기

다음 글씨를 예쁘게 따라 쓰세요.

자신의 생각이나 느낌
을 잘 나타냈는지 살펴
봅니다.

잘못되었거나 어색한
부분은 고쳐 씁니다.

① 학습내용

☞ ◁ 모양 글 쓰기

✎ 다음 글씨를 예쁘게 따라 쓰세요.

아무리 어려운 일이
라도 결코 포기하지 않
겠습니다.

나는 학교에 가지 않
았습니다. 왜냐하면 일요
일이기 때문입니다.

2 학습내용

☞ △ 모양 글 쓰기

✍ 다음 글씨를 예쁘게 따라 쓰세요.

벌은 침을 가지고 있으나 나비는 없습니다.

자장가 소리에 두 눈이 스르르 감깁니다.

피아노는 건반 악기입니다.